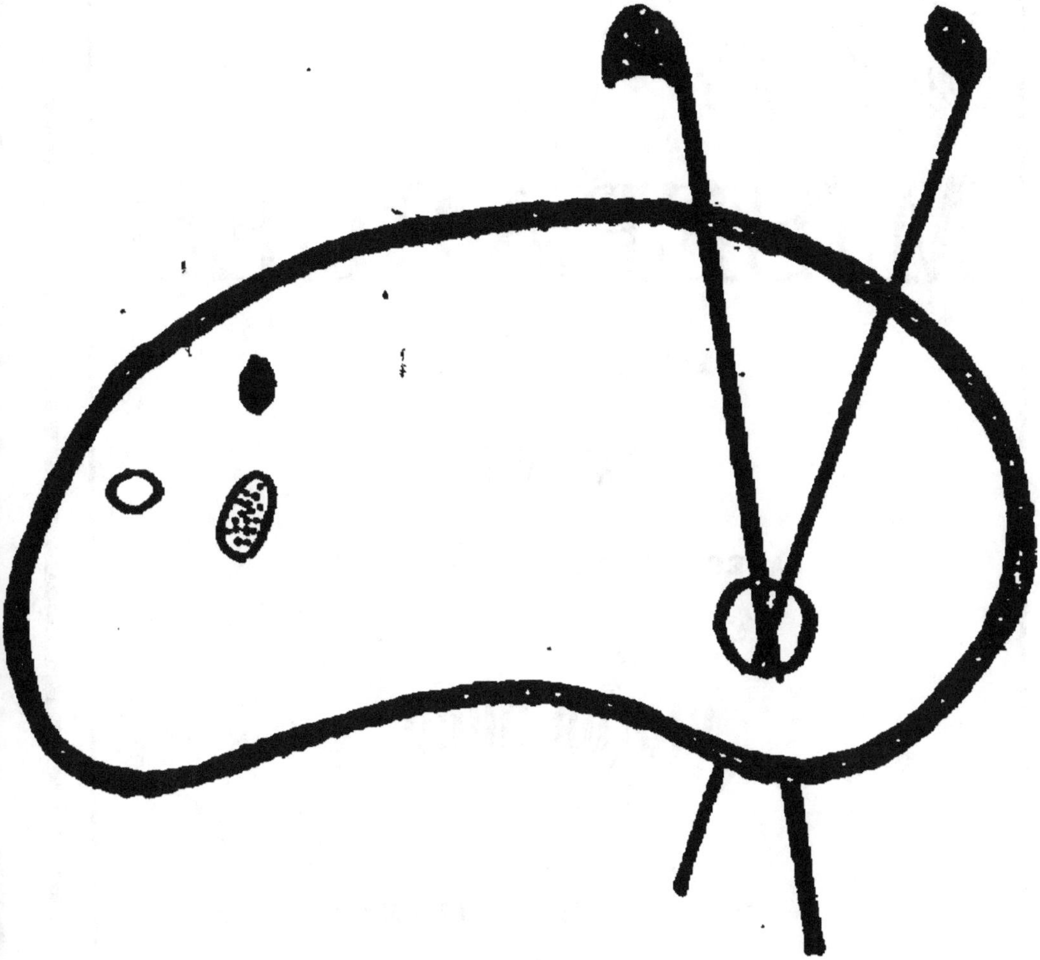

COUVERTURE SUPERIEURE ET INFERIEURE EN COULEUR

A. VÉMAR

LES MISÉRABLES

POUR RIRE

PARODIE

AVEC UN BEAU PORTRAIT

DE

VICTOR HUGO

PRIX : 60 CENTIMES

PARIS
RENAULT ET C°, LIBRAIRES-ÉDITEURS,
48, RUE D'ULM, 48
1862

IMPRIMÉ PAR CHARLES NOBLET
Rue Soufflot, 18

LES
MISÉRABLES POUR RIRE

DROITS D'AUTEUR RÉSERVÉS.

———

Tout exemplaire non revêtu de la signature de l'auteur sera poursuivi comme contrefaçon.

———

Imprimé par Charles Noblet, rue Soufflot, 16.

VICTOR HUGO.

A. VÉMAR

LES
MISÉRABLES
POUR RIRE

PARODIE

AVEC UN BEAU PORTRAIT

DE

VICTOR HUGO

PARIS
RENAULT ET Cⁱᵉ, LIBRAIRE ÉDITEUR;
48, RUE D'ULM, 48
1862

PRÉFACE

Voulant pour sa *Notre-Dame*
Un superbe cardinal,
Hugo crée en traits de flamme
Cet évêque original.

LES
MISÉRABLES

POUR RIRE

FANTINE

Un vieillard plein de bon sens,
Né fort avant dix-huit cents,
Comptait en dix-huit cent quinze.
Des ans bien soixante et quinze.
Cet homme très-estimable
A nom Bienvenu Myriel;

Dans cet excellent vocable
L'on peut trouver myrrhe ou miel.

Sa sœur *misse* Baptistine,
Longue comme un échalas,
Portait une triste mine
Avec la maigreur d'un chat.
N'oublions pas sa servante,
Femme grasse et comme il faut,
Sans son asthme... de carreau,
La Magloire était charmante.
Myriel, fort sentimental,
S'ennuyait au diocèse ;
Comme il était à son aise,
Il couchait à l'hôpital.

Preuve qu'il n'était pas sot,
Il fit un jour un bon mot.
A sa bonne il dit : Magloire,
Tu peux m'appeler ma gloire,

Lorsque par devant sa sœur,
Elle lui dit : ma grandeur.
Il connaissait, le malin,
Le grec, même le latin,
L'espagnol et le prussien.
Comme un académicien.
Pour consoler l'Auvergnat
Il javanait le fouchtra;

Mais chacun a son défaut,
Il détestait l'échafaud,
Et jamais dans sa maison
On ne vit un seul maçon.
Possédant bonne nature,
Il se narguait du trépas ;
Sa porte ne fermait pas,
Elle manquait de serrure.
Le sachant, un beau matin,
Un voleur nommé Cravatte
Lui fit don de son butin.
D'un voleur le cadeau flatte.

Mais quel est cet homme hagard
Dont la poitrine est velue,
Son œil regarde au hasard
Sous sa visière abattue ;
Sa blouse n'est qu'un chiffon,
Et sa main tient un bâton.
Le gaillard est dans la gêne,
Son visage est altéré ;
S'il puise à chaque fontaine,
C'est qu'il est trop altéré.

Sans plus de cérémonie,
Voyant la *Croix de Colbas*,
(C'était une hôtellerie)
Il y pénètre à grands pas.
Près d'une grasse marmotte
Cuisaient carpes et perdrix.
L'hôte, en tablier, marmotte
Leur joyeux *De profundis*.

Mais un petit marmiton,
Qui revient de la mairie,
Dans les mains de son patron
Donne un poulet qu'il déplie ;
C'était le signalement
De ce gueux de Jean Valjean.

L'hôte alors ouvre la porte
Au voyageur pour qu'il sorte.
Prenant son sac le forçat
S'en va disant : C'est fort ça.
Désireux qu'on le goberge,
Il va dans une autre auberge ;
Mais un affreux poissonnier,
Ami du cabaretier,
A reconnu le brigand ;
Il lui faut lever le camp.
Le malheureux galérien
Veut coucher dans une niche,
Lorsqu'il y trouve un caniche
Qui le reçoit comme un chien.

Il se dit : Je suis au ban
De l'univers qui me chasse,
Je ne puis avoir de place
Que la place ou bien ce banc.
Survenant une dévote,
Voyant cet homme couché,
Lui dit : Vole à l'évêché.
— Voler, dit Jean, ça me botte.

Se croyant au presbytère,
Jean, qui ne sait pas se taire,
Débite son chapelet
A l'évêque auquel ça plait.
Quand c'est fini, Bienvenu
Lui dit : Sois le bienvenu.

Le souper fut excellent,
On causa fromage et bagne,
Même au dessert, maître Jean,
Dit-on, battait la campagne.
Se trouvant bien fatigué,

Il s'endort tout habillé
Sur son lit quelques instants.
Puisqu'il dort profitons-en
Pour vous raconter sa vie :
Il était né dans la Brie ;
Comme il était galopin,
Le sort le fit orphelin.

Dans une boulangerie
(C'est faire une triste fin),
Il déroba de la mie,
Disant qu'il en avait faim.
Mais un agent qui passait
Lui mit la main au collet.
Il en eut pour ses cinq ans.
Comme il s'enfuit, c'est vingt ans.

Mais retournons à notre homme
Et tirons-le de son somme ;
Il trouva le lit si bon
Qu'il s'éveilla d'un seul bond.

Il a rêvé de cuillère,
De couvert d'argent massif,
Et comme il est un peu vif,
Il se lève sans lumière.

Tenant en main ses souliers,
Il s'avance sans retard,
En cherchant certain placard
Où dorment les chandeliers.
Mais il comptait sans la lune
Qui veillait sur le quartier,
C'était son premier quartier,
Et ce témoin l'importune.

Il aperçoit dans son lit,
Songeant sûr au paradis,
Le curé qui dort tranquille.
Cela lui trouble la bile.
Devant cette auguste tête
Il ôte alors sa casquette.

Quoiqu'il n'était pas joli,
Le brigand était poli.

Craignant de manquer le coche,
Vite il emplit sa sacoche.
Un couvert est son butin,
Puis il sort par le jardin.
Le misérable coquin
Ne comptait pas sur Pandore
Qui voyait lever l'aurore
Et sur lui mit le grappin.

Ce n'était pas le curé,
Dit-on, qui fut le volé.
Il le reçoit comme un père,
Ne faisant rien à demi,
A son couvert donne un frère,
Et l'appelle cher ami.
Attendri comme un moutard,
Le forçat dit : Je m'en vais.

Puis il voit Petit Gervais
Qu'il traite de Savoyard.

Mais laissons là ce sujet,
C'est assez de vert bonnet.
Parlons donc de bonnet rose,
Comment dirai-je la chose ?
Un jour quatre-z-étudiants,
Dans le parc de Saint-Cloud,
Étudiaient comme à vingt ans
Le droit et l'amour surtout.

Si Fameuil aimait Zéphine,
Tholomyès avait Fantine.
On cite encor d'autres noms,
C'était, je crois, des surnoms.
C'est chez Bombarda qu'on soupe,
Et, pour surprise au dessert,
Des étudiants la troupe
Chante la fille de l'air.

Une seule fait la mine,
C'est notre blonde Fantine,
Car elle a du sentiment,
Et je crois même une en... gyne,
Quand une fille a mordu
Au charmant fruit défendu,
On dit toujours qu'il en cuit,
Il lui faut cacher son fruit.

Montfermeil devient l'endroit
Qui de Fantine eut visite,
Elle y laisse sa petite,
En payant sept francs par mois.

Avant d'aller plus avant
Dans cette triste causette,
L'enfant pour nom a Cosette,
Et Thenardier le paysan.

Depuis qu'un gros livre gris,
Dont le succès n'est pas mince,

S'est abattu sur Paris
Avec un fracas de prince,
Sur les deux bords de la Seine,
Chacun sait qu'un fabricant
Qui s'appelait Madeleine,
D'M-sur-M fut habitant.
Vive la gendarmerie !
Pour rester dans ses papiers,
Il suffit d'un incendie
Où l'on brûle ses papiers.

Craignez plutôt mons Javert ;
Il n'entend pas la malice,
Aussitôt qu'il flaire un vice,
Le gaillard est déjà vert.
Pour dépeindre ce mouchard,
Il avait un nez camard,
Deux énormes favoris
Jamais gris, mais des yeux gris.

Madeleine qui prospère,

Des pauvres était le père ;
Puis un jour il devint maire,
Messieurs, ne lisez pas mère.
Et Fantine ? Je m'explique,
Elle était à la fabrique,
Tous les cancans supportant
A cause de son enfant.

La belle n'a plus d'ouvrage,
Et le nourricier fripon
Lui demande davantage
Pour le sucre et le savon,
Alors le sort l'abandonne,
Elle vend ses blonds cheveux,
Ses dents..., à la fin se donne.
De ceci rira qui veut.

Survient fort mal à propos
Un effet de neige horrible ;
C'est un passage terrible
Qui donne froid dans le dos.

Madeleine a du guignon :
Il a beau changer de nom,
Qui lui tombe sur les bras?
Un Jean qu'on juge à Arras !

Vous comprenez, Madeleine
Croyait oublié le Jean ;
Mais l'hasard est toujours grand.
Comme ici-bas rien ne traîne,
(C'est la faute du bon Dieu)
On prend pour Jean Champmathieu.

Non sans faire la grimace,
Montant sur ses grands chevaux,
Il interrompt ses travaux,
Et veut se mettre à la place
De celui qu'on prend pour lui,
Et dès le matin s'enfuit,
En payant double relais,
Il arrive au pas... de Calais,
Juste pour le bon moment

Où le vieillard innocent
Etait jugé sans retour
Comme *cheval de retour.*

Il s'accuse comme il faut,
Au besoin il parle argot.
On lâche l'autre à l'instant,
Jean revient Jean comme avant.

C'est le moment de vous dire
Comment Javert l'arrêta.
Ma foi, vous pourez le lire.
Mais, du reste, il s'esquiva.
Fantine, hélas ! la pauvrette,
Mourut du saisissement
Sans embrasser sa Cosette.

COSETTE

—

L'auteur, changeant son écritoire,
Met son roman au second plan,
Et se lance en plein dans l'histoire
Non de Jean, mais du Mont-Saint-Jean.
Le chien de monsieur de Nivelle
A la voix de son maître fuit.
Mais le beau pays de Nivelle
Répond et le jour et la nuit.
Voyez ! de son geste rapide,
Hugo découvre le tableau :

Le terrain semble encore humide ;
Dans l'air flotte chaque drapeau.
A l'appel de notre poète,
Nobles, vaillants, puissants et beaux,
Parés comme au jour de la fête,
Les morts sortent de leurs tombeaux !

Ecoutez ! la grande bataille
Ressuscite, le noir canon
Sur l'Anglais vomit la mitraille.
Voici Ney et NAPOLÉON !!!
Comme la foudre dans l'orage
Aveugle, éclaire tour à tour,
Tel en cette éclatante page
Hugo conte ce sombre jour ;
Sa plume a de saintes colères.
S'il a soulevé les linceuls
Qui couvraient les os de nos pères,
C'était pour venger leurs cercueils.
Au vainqueur il jette au visage
Le mot de Cambronne expirant,

La perle qu'il sort de la vase
Luit comme un soleil éclatant.

. . . .

A la nuit, Thenardier détrousse,
Vole la montre à Pontmercy
Qui s'éveille à cette secousse,
Au mauvais larron dit merci.

Songeons à Madeleine Jean ;
L'infortune qui l'accompagne
L'a fait rejeter tout vivant
Dans les noirs cabanons du bagne.
Mais Jean n'est pas un imbécile,
Il rumine en ramant tout bas
Que Fantine avait une fille,
Et qu'au bagne on ne reçoit pas.
Un jour, le malin personnage,
Sauvant ceux d'un bon matelot,
Profite qu'il est en nage
Et se sauve avec sous le flot ;
Javert, l'homme de la police,

Lisant sa mort dans son journal,
Dit : La chose est une malice,
Ou je n'y vois pas trop grand mal.

Thenardier tient son auberge
A Montfermeil. C'est la Noël :
Chez lui l'on boit, l'on se goberge;
Cosette seule y boit du fiel.
Il s'agit bien d'une autre histoire ;
Un roulier lui donne le seau,
Parce que ses bêtes veulent boire;
Cosette va quérir de l'eau,
Et, sans être accompagnée,
A minuit il lui faut sortir,
Et la source est bien éloignée;
Dans le bois il lui faut courir.
Cosette est pourtant occupée
Devant un marchand de joujoux,
Car elle y voit une poupée
En or qui lui fait les yeux doux.
Puis elle reprend sa course,

Dans le bois va faire son tour,
Remplit son seau à la source,
Comme une fille de Saint-Flour.

Quelle est cette main solide
Qui l'aide à porter le seau ?
La petite n'est pas timide
Et lui laisse en plein le fardeau.
Valjean lui fait bonne mine ;
Mais elle reçoit un galop
D'Azelma et puis d'Eponine ;
La pauvre enfant ne souffle mot.
Comme elle avait pris leur poupée,
Aussi la bat-on assez fort.
Jean vite l'a récompensée
En lui donnant la grande en or.
Il faut voir la fameuse note
Qu'à Jean fait mons Thenardier
Pour dormir dedans sa gargote ;
Jean paie sans marchander,
Puis, sans attendre le soir,

Pour quinze cents francs achète
La malheureuse Cosette
Qu'il habille tout de noir.

Comme il aimait La Fontaine,
Ainsi que maître corbeau,
Le bon monsieur Madeleine
Descend chez maître Gorbeau.
La masure est retirée;
Il y vivrait bien longtemps
Sans sa portière édentée
Qui sur lui fait des cancans.

Madeleine faisait l'aumône
Aux pauvres pendant l'hiver.
Un jour, le malheureux donne
Un gros décime à Javert !
Un autre eût perdu la tête;
Valjean pense à son enfant :
Il court enlever Cosette
Et changer de logement.

A minuit,
Sans réduit,
Quand on vous suit,
On se dit :
Je suis cuit,
Oui.
Et pourtant,
Avec l'enfant,
Haletant,
Ecoutant
Et courant,
En tremblant,
Jean
Est espérant.

Traqué comme une bête fauve,
Et sans le moindre omnibus,
Notre homme à la fin se sauve
Dans le noir couvent de Picpus.
En attendant, Javert se mouille
Dans la rue avec sa patrouille,

Et Jean rencontre au couvent
Un sien ami... Fauchelevent.

Amis lecteurs, je m'arrête,
Pour vous apprendre en passant
Qu'un jour Jean, sous une charrette,
Sauva la vie à Fauleyent.
Fauchelevent à ses genoux,
En le voyant, tombe aussitôt.
Valjean répond : Ami, tout doux;
Ote-moi d'abord ton grelot.

Car Cosette grelotte
    Et sanglotte.
L'enfant est bientôt réchauffée
    Et restaurée.
On entend un funèbre glas,
    C'est le trépas
De la mère Crucifixion,
    Sainte, dit-on.

Puis on sonne Fauchelevent
　　Dans le couvent.

La mère abbesse au paysan
　　Dévoile quelque chose.
En se grattant Fauchelevent
　　Dit : Mère, je n'ose ;
　Mais comme il veut sauver Jean,
Qu'il fera passer pour son frère,
Il enterrerait tout le couvent,
　　Même au besoin la mère.

L'opération n'est pas facile :
Il s'agit de faire passer
Jean qui manque de domicile
Pour celle qu'il faut enterrer.
Il comptait sur le père Etienne,
Espérant le soûler bien fort.
Il est difficile qu'il vienne,
Dit son successeur : il est mort.

En attendant, Jean, dans sa fosse,
Trouve sa position si fausse,
Que le malheureux moribond
Tout de bon tombe en pâmoison.
Fauchevent ne perd pas la carte,
Saisit l'occasion aux cheveux,
De Gribier il saisit la carte,
Car il est malin, notre vieux.

Il délivre son ami Jean ;
Puis tous deux rentrent au couvent.
Cosette y devient pensionnaire.
Madeleine, sans dire un mot,
Fait achat d'une genouillère,
Et porte à sa jambe un grelot,
Quoique cette chose le vexe ;
Mais toujours il est bon enfant.
Et puis c'est la loi du couvent,
Méfiant envers le laid sexe.

MARIUS

—

Salut! brillant Paris, Janus à double face,
Ville de fange et d'or, de boue et de clarté.
Cœur et cerveau du monde, ici trouve une place
En ces modestes vers par ton souffle inspiré.
Oui, je t'aime, Paris, j'aime ton quai, tes rues,
Tes palais, tes maisons, tes boulevards géants,
J'aime ta paix, ton bruit, ton peuple, tes revues,
Ta nuit et ton soleil, et tes pleurs et tes chants.

Je te connais bien, va ! tes salons, tes tavernes
Sont pour mon cœur jaloux un excellent trésor,
Je sais tes carrefours, leurs ignobles lanternes
Et tes places superbes aux girandoles d'or.

  Suspendons notre lyre au clou,
  Et chantons ton pâle voyou,
  Car le voyou, voyez-vous,
    Vous,
  J'en suis comme un fou
  De ce petit loup
    Doux.

  D'*Homuncio*, vieux mot romain
    Et latin,
  Le Français, né malin,
    Fit gamin,
    Galopin,

Sans chercher d'autres rimes,
Il a des synonymes,

L'enfant se levant tard
S'appelle aussi moutard,
Parfois c'est un lézard,
Quelquefois un musard.

N'a-t-il pas d'autres noms,
Insectes, moucherons
Et même mioches sont
Ses plus communs surnoms

Si vous avez connu Gavroche,
    Petit mioche,
Il tient au roman par un fil
    De profil,
Il a pour braver la froidure,
    Pour coiffure
De quelqu'Auvergnat un lambeau
    De chapeau,
Portant gaîment cette casquette
    Pas coquette,

Rarement il a dans ses pieds
 Des souliers;
Si dans ses maigres jambes flotte
 Sa culotte,
C'est que le tailleur du moutard
 C'est l'hasard.

Il est blagueur, hâbleur, gouailleur
 Et menteur.
Il est fumeur, buveur, noceur
 Et flâneur;
C'est la charge du beau Chérubin,
 Moins le bain.
L'été criant, sur tous les tons,
 Des hannetons,
Il ne connaît qu'un seul pays,
 C'est Paris.
Mais il préfère beaucoup mieux
 Ses banlieues.

Près de la Salpêtrière,

Au quartier de la Glacière,
Cet endroit n'est pas fort beau,
On voit la maison Gorbeau.
Dans la triste maisonnette,
Au fond d'un sombre grenier
Habitait monsieur Jondrette,
Gavroche est son héritier.

Le bizarre de l'ouvrage,
C'est le luxe des surnoms;
Ici chaque personnage
Possède cinq ou six noms.
Dans la mansarde voisine
Demeurait monsieur Marius,
Encore un nom, j'imagine,
Qui cache quelque rébus.

C'était un plumet magnifique,
Que le sire de Pontmercy.
Taillé dans le roc athlétique,
De ses jours voici le récit.

Ce vaillant soldat de la France
Servit Kléber, Joubert, Mortier,
Il fut à Spire, Worms, Mayence,
Et jamais n'était le dernier.

Jour mémorable, au cimetière
Avec le capitaine Hugo,
Ils couchèrent dans la poussière
Les kaiserlicks aux champs d'Eylau.
Quand l'empire fut en déroute,
Pontmercy baron, mais en pleurs,
De Vernon vint prendre la route,
Le brigand cultiva ses fleurs.

J'oubliais qu'après la campagne
D'Austerlitz ou de Marengo,
Pontmercy, battant la campagne,
Prit une femme comme il faut.
C'était la fille d'un bonhomme
Qu'on appelait Gillenormand,

Aussi franc qu'un fils de la Somme,
Mais aussi rusé qu'un Normand.

Quand il allait dedans la rue,
Malgré ses quatre-vingts printemps,
Son habit à queue de morue
Lui donnait des airs tout flambants.
Son parrain possédait du vice,
Il fut baptisé Luc-Esprit.
N'allez pas chercher de malice
Dans ces deux prénoms pleins d'esprit.

Pontmercy veuf se désespère,
Pour cultiver ses grenadiers,
Laisse son fils à son beau-père,
Qui détestait les vieux troupiers.
Mais un beau jour tout s'explique,
A Gillenormand presque sot,
Son petit-fils Marius applique
Sur un roi de France un gros mot.

— Toi baron, mon cher, c'est un conte,
S'écria l'aïeul courroucé,
Je m'en vais te donner ton compte,
Et Marius s'enfuit tout vexé.

De l'A, B, C, la compagnie
(Non pas celle des omnibus)
Avait une étrange manie
De causer sur tout et bien plus.
Elle avait certain sel attique,
Des noms grecs, gascons, hongrois,
On y parlait fort politique
Et l'on y servait du veau froid.

Ses membres sont Laigle, Grantaire,
Enjolras, Prouvaire, Fouilly,
Messieurs Courfeyrac, Combeferre,
Bahorel fils et puis Joly.
Sans vouloir leur chercher noise,
Peignons-les non à demi.

Sauf Laigle (de Seine-et-Oise)
Ils étaient tous du Midi.

Enjolras avait beau visage,
Mais il était républicain.
Courfeyrac était bien plus sage.
Quoique visionnaire et malin,
Prouvaire, moins fanatique,
Etait très-fort en hébreu.
A toute la métaphysique
Il préférait l'oiseau bleu.

Fouilly, folle tête en travail,
Ne pensait qu'à la Roumanie,
A la Pologne, à l'Italie
Qu'il peignait sur son éventail.
Combeferre était moins sensible
Et Bahorel un flâneur.
Bossuet, le plus accessible,
S'appelait Laigle par erreur.

Il était toujours dans la peine
Et travaillait tout de travers,
Mais se moquait de sa deveine,
Riant au nez de ses revers.
Joly courtisait Esculape,
Ses clients défaut lui faisant,
Le gaillard se purgeait sous cape
Et n'en était pas mieux portant.

Grantaire était le vrai Pylade
D'Enjolras qui avait grand air,
Quand cet Oreste était malade,
Il allait prendre le grand air.
Quand Marius fut à la porte
Il prit un cabriolet.
Il y rencontra, chose forte,
Son ami Laigle (Bossuet).

C'est par lui qu'il gagna sa vie,
En traduisant d'un seul coup

Une langue assez jolie
Qu'il ne savait pas du tout.
Le Luxembourg est une promenade
Que connaissent les étudiants.
Là chaque arbre est un camarade
Pour les amoureux de vingt ans.
Dans une allée assez tranquille
Un vieillard, surnommé Leblanc,
Tous les jours, ainsi que sa fille,
Venait s'asseoir au même banc.

Devant l'azur pur et céleste,
Qui jaillit de deux jolis yeux,
Le sage fuit toujours, s'il reste,
C'est qu'il est, hélas ! amoureux.
On sait qu'un regard magnétique
Est un engrenage certain,
Cette batterie électrique
Vous saisit le cœur et la main.
Marius a perdu la tête,

Devenant épris tout de bon,
Chaque jour il s'habille en fête
Et change de noir pantalon.
Mais si nous suivons le volume,
Patron-Minette nous apparaît;
Avec l'encre noire la plume
Doit tracer ce sombre portrait.

Vite à Gueulémer faisons place,
C'est un colosse de six pieds,
Puis Babet un ex-paillasse
Aussi dentiste *in extremis*.
Claquesous était plus baroque,
Sombre, masqué, filant, filou,
Cet artiste était ventriloque
Et toujours vivait dans son trou.

Qui des quatre était le plus drôle ?
C'était Montparnasse, un gueux,

Gandin, voyou, escarpe et drôle,
Raie au milieu de ses cheveux.
Ces charmants matous sans minette,
Ce quatuor de scélérats,
Avaient pour nom Patron-Minette,
C'est bien le patron des forçats.

Le crocodile est un affreux lézard
Qui vit sur le Nil en Egypte.
Comme il imite les pleurs du moutard,
Vers lui la bonne accourt bien vite.
Malheur au cœur compatissant
Qui veut soulager cet enfant,
Car le monstre d'un coup de dent
Lui prouve qu'il est imprudent.

Eh bien! sur les bords de la Seine,
Le crocodile a des neveux
Qui s'en vont larmoyant leur peine
A tous les échos généreux.

Voulez-vous connaître leur style?
En voici l'exemple parfait.
Je pourrais vous en citer mille
Taillés sur le même poulet.

« Aveugle depuis mon enfance,
« Et fils d'un vieux militaire,
« Qui perdit en servant la France
« Un membre et de plus la lumière,
« Je n'ai pour toute espérance
« Que le secours du genre humain, »
Ou bien : « Victime d'une machine,
Daignez secourir mon malheur, »
Ou mieux : « Plaignez un mineur majeur
Estropié dedans une mine. »

Si jamais l'enfer vous adresse
Ce fin style humide d'un pleur,
Ne faites pas la maladresse
D'aller consoler son auteur.
Car au quartier de la Glacière,

(Cela vous glace en y pensant,)
Jondrette avait sa souricière,
Mais Marius avait l'œil dedans.

Qu'il est beau, jetant la béquille
De sa misère qui boitait,
Ecorchant la main de sa fille
Au carreau fêlé qui restait.
Voyez sa moqueuse grimace ;
Le gaillard n'est pas satisfait ;
Il voudrait qu'il gèle à la glace
Et tremble de manquer ses frais.

Un vieillard généreux entre,
Marius caché tremble à son tour ;
Car qui vient d'entrer dans cet antre,
C'est le papa du Luxembourg.
— Monsieur Leblanc, que je vous aime,
Dit Jondrette de bonne humeur ;
Oui, ma joie est vraiment extrême.

— Vous me faites bien de l'honneur.
— Je ne puis vous offrir grand'chose,
Car j'ai vendu mon piano ;
Je veux vous céder quelque chose,
Ce beau tableau de Waterloo.

— Quelle couleur, mais la peinture
Vaut à peine trois francs dix sous.
— Ça vaut mille écus, je vous jure.
— Vous voulez me monter le coup.
— Ou te le casser, vieille bête,
Dit Jondrette, avec mes amis.
Ses amis, c'est Patron-Minette !
Papa Leblanc en devient gris.

On l'empoigne et puis on le cogne,
Malgré le voisin Marius,
On pourrait bien narguer la *cogne* ;
Mais Javert vous tombe dessus,
Car Javert est en embuscade ;

Il présente à chaque brigand
Un homme de son escouade
Et la Force pour logement;

Puis veut offrir une prise
A Leblanc, mais il n'est plus temps.
Il s'aperçoit de sa méprise :
Leblanc s'est enfui !... c'est Valjean !,
Et Thenardier c'était Jondrette,
Ex-sauveteur de Pontmercy.
Marius, marri de tout ceci,
Voudrait bien l'être de Cosette.
. . . .

Nous saurons au tome prochain
Si l'amoureux obtint sa main.

L'IDYLLE ET L'ÉPOPÉE

C'est en dix-huit cent trente et un
Qu'Hugo commence ce volume
A dessiner, d'un coup de plume,
Un bon roi sur son trente et un.

C'est un étrange peintre, Hugo.
A travers sa photographie,
Nageant dans l'encens, l'indigo,
On voit flotter un parapluie.

Pour Louis-Philippe il est tendre ;
Mais c'est un hors-d'œuvre, après tout.
Qu'il laisse à Dumas l'Alexandre
Mêler l'histoire avec Pitou.

Cela ne sonne-t-il pas faux ?
Le père de la Notre-Dame
A Sue ici fait la réclame ;
De l'œuvre c'est le seul défaut.
Veut-il ensorceler le tiers ?
Ambitionne-t-il, pour sa prose,
La couronne que chacun pose
Sur le front de Guizot, de Thiers ?

Que Girardin, Blanc ou Proudhon
Cultivent le champ politique ;
Qu'il laisse à Guéroult l'*Opinion* ;
Au prophète il faut le cantique.

Abandonne budget, chimère,
Institutions, constitutions,

Droit au travail, droit au salaire,
Et toutes les machinations
Qu'à bon droit te jalouse Havin,
Ou quitte alors la poésie,
Mets en bouteille l'ambroisie
Et débite-la pour du vin. . . .

. . . .

Jadis Cadet-Roussel vivant
Du nombre trois était friand ;
Il avait trois cheveux, trois dents,
Trois chiens, trois chats et trois enfants,
Et même un peu de trois pour cent.
Quand à Troyes il fut décédant,
Il nous légua son descendant.
Vous reconnaissez Jean Valjean ?

Comme son auguste grand-père,
Valjean aimait le nombre trois ;
Il avait trois noms, le compère,
Et n'en portait qu'un à la fois.

Son parrain le baptisa Jean ;
Ce nom ne le rendit pas sage.
Pour être heureux dans le village
Et respecté par chaque Jean,
Notre gaillard n'eut pas de peine.
Il lui fallait un nom ronflant
Pour vendre son noir, lui pas blanc ;
Pour patron prit la Madeleine.

Plus tard, jardinier au couvent,
Des sœurs voulant gagner l'estime,
Pour dernier nom choisit *Ultime*,
Qui s'écrivait Fauchelevent.
Le traître gardait pour la forme
Trois bonnets, c'était épatant :
Un vert, de Toulon l'uniforme,
Un pour la nuit, en coton blanc,
Un autre assez original,
C'était son bonnet de police
Qu'il portait malgré la police,
Car il fut garde national.

Quoiqu'il ne recevait personne,
Il possédait trois logements :
Cosette, Jean avec sa bonne,
En étaient les trois habitants.
Cette digne femme de chambre
Était bègue, avait nom Toussaint,
Née au froid le premier novembre,
Sa langue toujours s'en souvint.

Renouons le fil du roman.
Comment donc se fait-il que Jean,
Enseveli dans le couvent,
Est retrouvé se promenant
Avec Cosette au bon moment
Où, pour Marius, sonnent vingt ans ?

A la mort de Fauchelevent,
Valjean, las de servir la messe,
Dit un jour à la mère abbesse
Qu'il lui retirait son enfant,
Et pour payer sa nourriture,

Ses savons et ses soins touchants,
Confiteors et confiture,
Laisse un bon don, six mille francs !

C'est un gaillard de poids peu chiche.
Du noir de jais, l'ex-fabricant,
Si le négoce l'a fait riche,
Du moins il n'est pas regardant.
Il conduisit alors sa fille
Et Toussaint dans la rue Plumet ;
L'enfant grille, derrière sa grille,
De montrer son minois coquet.

La promenade luxembourgeoise
Lui plaît chaque jour assis là,
Elle fait du luxe en bourgeoise,
Et brave Marius ou Sylla.
Valjean découvre ce mystère ;
Il est assez jaloux, le vieux :
Le mieux, dit-il, est de se taire.
On se promène en d'autres lieux,

Ensemble on voit lever l'aurore,
Lorsqu'on fut toujours vertueux,
A deux voir le soleil éclore,
C'est le vrai moyen d'être heureux.
Un jour à cette promenade
Ils rencontrèrent des fourgons,
C'était l'horrible cavalcade
Du bagne et de ses vagabonds.

A Valjean qui devenait blême
Alors Cosette demanda
Ce qui fait sa pâleur extrême
Et puis ce qu'était un forçat.
Valjean n'était pas à la fête,
Mettant sa main dans son gilet,
D'un ténor il se fait la tête,
En chantant s'écria tout net :

LA CHANSON DU FORÇAT.

Air : *Comme on fait un nid.*

Tu me demandes, ma Cosette,
Au juste ce qu'est un forçat,
Afin que l'écho le répète,
Ici je vais te chanter ça :

Quand Dieu finit sa terre ronde,
Comme un vol au vent l'admira,
Puis dit : Faut la garnir de monde ;
Pour boulettes il fit le forçat.

C'est à Caïn qu'on doit Cayenne.
L'homme au premier pas trébucha,
Ici-bas nous traînons sa chaîne,
Sans bonnet vert on est forçat.

Sous un pion injuste et sévère,
Avaler Horace, Eureka,
Pour Noël avoir sa Grammaire,
Dès le collége on est forçat.

Sur son balai cet homme sombre
Ne dort que d'un œil comme un chat,
Son cordon le tire dans l'ombre,
De la loge c'est le forçat.

Faire au public l'œil en coulisse,
Avoir perruque et rouge bas,
A pieds joints franchir la coulisse,
Du théâtre c'est le forçat.

Monter la garde et porter armes,
Pour tout potage un dur rata,
Fuir payse et pays sans larmes,
De la ligne c'est le forçat.

Conduire un panier à la halle,
Apprendre à l'anse la polka,
Frotter les pots, cirer la salle,
De l'office c'est le forçat.

Vendre très-cher dans sa boutique
Ce que pour rien l'on acheta,
Toujours sourire à la pratique,
Du commerce c'est le forçat.

Raconter tout, vol, bourse ou crime,
Bois, livre, club, course, avec ça
Du mal chronique être victime,
Du journal tel est le forçat.

Dès l'aube il faut se mettre en quatre,
Supporter migraine et tracas,
Offrir bouquet, souper, théâtre,
De l'amour voici le forçat.

Puisque tu demandais, Cosette,
A voir le portrait du forçat,
Afin que l'écho le répète,
Ici je t'ai conté cela.

. . . .

Après la prise de Jondrette,
Mettant ses meubles dans un sac,
Marius quitta sa chambrette
Et vint loger chez Courfeyrac.
Puis, en fils rempli de respect,
Marius à Jondrette, en secret,
Adresse tous les mois cinq francs,
Qui rien n'y comprend, mais les prend.

Marius, rue de la Verrerie,
Au centre de la droguerie,
A beau prendre pillule, opiat,
Cosette est sur son estomac.
Allant au champ de l'Alouette,
Un jour que très-fort il pleurait,

Il eut l'adresse de Cosette
Par Eponine qui l'aimait.

Vite dans son jardin il jette
Une pierre avec un poulet.
Il était temps, car la fillette
D'un beau lancier s'amourachait.
Reconnaissant cette écriture,
Que jamais elle n'avait vu,
Cosette est vite éprise et jure
D'épouser ce bel inconnu.

Le lendemain Marius pénètre
Dans le jardin, rue Plumet,
Il entrerait par la fenêtre,
Car il possède un fier... aplomb.
Marius dit : Embrasse-moi vite;
Cosette ne répond pas non.
Ce n'est que lorsqu'on se quitte
Que l'un à l'autre dit son nom.
Quant à Gavroche, il se promène

Et rencontre un soir Jean Valjean,
Qui, vers la barrière du Maine,
Avec Montparnasse est luttant.
Jean donne d'abord des taloches,
Puis fait la morale au voyou.
Ensuite il lui remplit ses poches.
Mais Gavroche escamota tout.

C'est un étrange enfant qui joue,
Gavroche, fils de Thenardier,
C'est une perle dans la boue,
C'est une fleur sur le fumier.
Comme saint Martin, cet enfant
Fait l'aumône avec sa misère ;
Puis, à l'instar de saint Vincent,
Aux enfants perdus sert de père.

Sur les pieds nus d'une pauvresse
Jette en passant son cache-nez ;
Et l'infortune qui le presse,
Il la sifflé d'un pied de nez.

Propriétaire à la Bastille,
Il logeait dedans l'éléphant.
Abrité des rats sous sa grille,
Il est vraiment intéressant.

Un soir Cosette à Marius
Dit qu'elle va passer la Manche.
— C'est une autre paire de manche,
Dit Marius, je prends l'omnibus.
Mais je reviendrai dans trois jours ;
En attendant, ma chère amie,
Sur ton mur laisse-moi toujours
Écrire rue de la Verrerie.
Marius accourt chez son grand-père
Qui l'attendait depuis trois ans ;
Tous deux se mettent en colère
Et se brouillent encor pour longtemps.
En attendant, Valjean qui guette,
Dans un buvard trouve un écrit
Qui lui prouve que sa Cosette,
Quoique sage, a son bon ami.

Eponine, Valjean, Marius
Ont tous des chagrins gros et plus,
C'est le moment, on peut sans crainte
Faire un gai voyage à Corinthe.
C'était le nom d'un caboulot
Où l'on buvait l'absinthe en pot.
C'est là qu'on rencontrait souvent
La grisette avec l'étudiant.

Le patron, c'était Hucheloup,
Beau nom pour un chef de gargotte,
Matelotte avec Gibelotte
Y servaient chaud la soupe aux choux.

A l'enterrement de Lamarque
Chacun put faire la remarque
Qu'on tira dans notre Paris
En masse des coups de fusil.
Histoire de passer sa toquade,
Enjolras fit sa barricade.
Le chef du club de l'A, b, c,

Ce jour-là s'est bien enfoncé.
Ici commence l'épopée,
Ou pour mieux dire l'équipée;
Après six heures de combat
Sa barricade fut à bas.
Javert, je ne sais plus comment,
Fut attrapé comme toujours;
Ce fut un beau jour pour Valjean
Qui ne lui trancha pas ses jours.
Javert en eut tant de dépit
Qu'il s'enfuit sans dire merci.
Puis Valjean, car ce n'est pas tout,
Mit Marius blessé dans l'égout.
L'endroit n'est pas propre du tout,
Mais il prouvait un certain goût.

JEAN VALJEAN

Jean erre à travers le conduit,
Ayant Marius sur les bras.
Dans le malheur qui le poursuit,
Voit des rats, mais sans queue de rats.
Enfin il arrive à la grille,
Il y rencontre pour portier
Cet assassin, ce malin drille,
Que l'on appelle Thenardier.

La chose est passablement forte,
Mais gardez votre étonnement,

Car mons Javert est à la porte
Qui les empoigne en ce moment.
En quête de cette aventure,
Comme il avait une voiture,
Il conduit chez Gillenormand
Marius avec monsieur Valjean.
Puis il serra la main à Jean.
Au lieu de lui faire une scène,
Il se plongea dedans la Seine,
Car il avait du sentiment.
Avant de terminer son sort
Sur l'argot il fit ce rapport.

ARGOT, ART GOTH

—

De Paris à San-Francisco,
Des Invalides à Mexico,
Le dictionnaire n'est qu'un sot,
Car il y manque un tas de mots
Qui composent le noble argot.
C'est un langage comme il faut.
Le Savoyard et l'Hottentot,
Le vieillard comme le marmot,
Pratiquent tous un peu l'argot.

Pour du mal l'enfant dit bobo,
Pour se coucher il dit dodo ;
Sur les genoux de sa maman
S'il a soif il veut du nanan ;
Son cheval c'est un dada,
Et son père c'est un papa.
Chaque métier a son argot,
Qu'il soit laïque ou bien bigot.
L'argot a partout des recrues,
Dans les salons et dans les rues ;
Chacun cultive avec succès
La langue du grand Rabelais.

Si nous entamons ce chapitre,
De Venise jusqu'à Nankin,
On appelle un bouffon, un pitre,
Et le bourgeois n'est qu'un pékin.
Mais un claqueur c'est un romain,
Et le fashionable un gandin,
Les chemins de fer des railways,
Et les goddems sont des Anglais.

Les biches sont de bonnes filles,
Qui ne donnent pas leurs coquilles.
Le merlan c'est un perruquier,
Et le troubadour un troupier.
La pipe se change en bouffarde,
Les sabres sont des coupe-choux,
La colère est de la moutarde,
Et le tabac ce sont des coups.
Quant au boulanger, c'est le diable,
Le meg des megs, c'est le bon Dieu.
En argot, on siffle ou l'on sable,
Au lieu de boire le vin bleu.

A la barrière et rue Charlot,
Le comédien n'est qu'un cabot,
Le cabaret est un tripot,
Le restaurant un caboulot,
Le marchand de vin un gargot.
Sur la terre, en l'air, sous le flot,
Bêtes à griffes, à plumes, à croc,
A la langue font un accroc,

Et tous se causent en argot,
La fauvette avec le linot,
Le limaçon et l'escargot,
Jusqu'à la carpe et le turbot.

. . . .

Quand on a trop de personnages,
Et qu'on veut abréger des pages,
La barricade est leur tombeau,
Le moyen est beau et nouveau ;
Je ne puis vous dire qu'en gros,
Qu'Éponine, Enjolras, Gavroche,
La fille, l'étudiant, le mioche,
Moururent tous trois en héros.

Marius désire son notaire.
Gillenormand, pâlissant,
Lui demande alors pourquoi faire ?
— Pour lui dicter mon testament.
— Tu ne mourras pas, je le jure,
Dit alors l'aïeul sans défaut,

Pour panser certaine blessure,
Je sais l'écharpe qu'il te faut.

Survint Cosette, puis Valjean.
Celui-ci, sans dire un seul mot
Donne avec son consentement,
A Cosette une belle dot.

A cette noce sans pareille,
Gillenormand fit des sermons,
Sur l'amour, le jus de la treille,
Puis pinça de beaux rigodons.

Valjean s'enferme dans sa chambre,
Et comme il n'a plus de quibus,
Il se confesse à Marius,
Qui devient d'un froid de décembre.
— Je ne puis plus vous recevoir,
Dit Marius, excepté le soir,
En bas dans le cabinet noir.
Valjean part sans dire bonsoir;

Dans la solitude il s'enrhume,
Et de l'évêque va quérir
Ses deux chandelles qu'il allume,
Puis avecque songe à mourir.

Comme il n'attendait plus personne,
Soudain il trouve à ses genoux
Ses deux enfants, il leur pardonne,
Et meurt en disant : « Aimez-vous! »

CONCLUSION

Quand il eut terminé ses jours,
On porta Jean au cimetière,
Rien ne fut gravé sur sa pierre,
Mais son nom durera toujours.

FIN

TABLE

Préface.................................... 2

Fantine 5

Cosette................................... 20

Marius.................................... 30

L'Idylle et l'Epopée....................... 47

Jean Valjean.............................. 63

Argot, art goth........................... 65

Conclusion................................ 70

Imprimé par Charles Noblet, rue Soufflot, 18.

www.ingramcontent.com/pod-product-compliance
Lightning Source LLC
LaVergne TN
LVHW021006090426
835512LV00009B/2100